Chouette CM2

10-11 ANS

Anglais

Corinne Touati

Professeur d'anglais

Écris ton prénom.

....

Hatier

Présentation

Ce cahier aidera votre enfant à consolider ses acquis et à s'évaluer en **anglais** durant son année de **CM2**.

- Chaque chapitre comporte quatre pages : une double page de **VOCABULAIRE**, et une double page de **GRAMMAIRE**.
- Sur chaque double page, une notion est traitée et expliquée.
- Les exercices reprennent de façon systématique toutes les notions abordées en classe.
- Ils assurent ainsi, par une mise en application répétée de la règle, une parfaite acquisition des connaissances et des savoir-faire attendus.

TEST

■ Avant de commencer les exercices du cahier, votre enfant peut faire le **test d'anglais** pages 4 et 5 pour évaluer son niveau. En fonction de ses résultats (page 6), et en consultant ensuite le sommaire de la page 3, vous pourrez facilement repérer les notions à réviser en priorité. Cependant, il lui est également possible de travailler sur les chapitres dans l'ordre où ils sont proposés.

■ Sur chaque double page, la **règle** est rappelée et accompagnée d'**exemples** dans la rubrique **JE COMPRENDS**.

Like se prononce « **laïk** ».

■ Les **exercices** proposent un système de graduation avec une, deux ou trois étoiles indiquant leur **niveau de difficulté**. Ils reprennent méthodiquement la notion abordée dans la double page de manière à optimiser l'assimilation des connaissances. Une petite **ASTUCE**, sur fond bleu, donne régulièrement à votre enfant un coup de pouce pour l'aider à résoudre un exercice, ou bien une information culturelle sur les pays anglophones.

■ Au centre du cahier, les **corrigés détachables** permettent la vérification des acquis et l'évaluation des résultats par votre enfant seul ou aidé d'un adulte. En effet, votre enfant pourra ensuite cocher en fin de chaque double page la case verte s'il l'a très bien réussie, la case orange s'il l'a moyennement réussie ou la case rouge si ses erreurs sont nombreuses. Il peut ensuite reporter ce résultat dans le **tableau de bord** du cahier p. 3. Cela vous permettra de distinguer rapidement les notions bien acquises de celles qu'il est encore nécessaire d'approfondir. Sur le site gratuit www.hatier-entrainement.com votre enfant pourra améliorer sa prononciation et enrichir son vocabulaire grâce à des compléments audio en anglais.

■ Sur les dernières pages de ce cahier, votre enfant trouvera un **lexique** des mots à connaitre et un tableau récapitulant la **prononciation** de quelques mots anglais.

Cet ouvrage est conforme à la nouvelle orthographe
www.orthographe-recommandee.info

■ Dans ce cahier, certains mots sont écrits selon les prérogatives du Ministère de l'Éducation nationale, recommandant d'appliquer la nouvelle orthographe. Par exemple, le mot « goûter » devra dorénavant s'écrire « gouter » ou encore le mot composé « des après-midi » s'écrira « des après-midis » et en français « week-end » s'écrira « weekend ».

© Hatier, 8 rue d'Assas, 75006 Paris • 2019 • ISBN : 978-2-401-05052-5
Conception graphique : Frédéric Jély • Édition : Imaginemos • Mise en page : STDI
• Illustrations : Paul Beaupère • Chouettes : Adrien Siroy.

IMPRIM'VERT
PAPIER À BASE DE FIBRES CERTIFIÉES
Hatier s'engage pour l'environnement en réduisant l'empreinte carbone de ses livres. Celle de cet exemplaire est de : 300 g éq. CO_2
Rendez-vous sur www.hatier-durable.fr
Achevé d'imprimer
à l'Imprimerie de Champagne - France
Dépôt légal : 05052-5/02- Juillet 2019

Ton tableau de bord

Reporte la date à laquelle tu as fini chaque page d'exercices et coche la case ☐☐☐ qui correspond à ton résultat.

« Chouette bilan » : rendez-vous sur le site www.hatier-entrainement.com pour faire le bilan de tes connaissances en ANGLAIS CM2 !

TEST

Avant de commencer les activités de ton cahier, réponds à ces questions. Puis consulte le tableau page 6 pour découvrir les résultats de ton test d'anglais !

1 Quel est le pluriel de **tooth** ?

toothes ☐ teeth ☐

2 Quel article indéfini placeras-tu devant **umbrella** ?

a ☐ an ☐

3 Pour demander le prix d'un objet, tu utiliseras :

how many ☐ how much ☐

4 Le mot **trousers** prend toujours un **s**.

Yes ☐ No ☐

5 Pour nommer le lit de Lucas, tu diras :

her bed ☐ his bed ☐

6 Pour dire que tes cheveux sont courts, tu diras :

My hair is short ☐ My hair are short ☐

7 **Cake** se prononce comme **table**.

Yes ☐ No ☐

8 Pour dire qu'Emma n'aime pas le fromage, tu diras :

She doesn't like cheese ☐
She don't like cheese ☐

9 Le mot **cousin** est à la fois masculin (cousin) et féminin (cousine).

Yes ☐ No ☐

10 Les écoliers anglais portent généralement un **uniforme**.

Yes ☐ No ☐

11 Quel est le pluriel de **child** (enfant) ?

childs ☐ children ☐

12 Le professeur en classe écrit sur un :

blackboard ☐ pencil case ☐

13 Pour dire que tu sais nager, tu diras :

I can swim ☐ I can't swim ☐

14 Les **mois en anglais** prennent toujours une majuscule.

Yes ☐ No ☐

15 Pour dire **le vélo de Ben**, tu diras :

the Ben's bike ☐ Ben's bike ☐

16 Quel est le contraire de **beautiful** ?

empty ☐ ugly ☐

17 Pour traduire **devant**, tu emploieras :

between ☐ in front of ☐

18 Où placeras-tu ces objets ? **cooker**, **spoon**, **fork**, **fridge**.

in the kitchen ☐ in the bathroom ☐

19 Quel est le pluriel de **he**, **she**, **it** ?

we ☐ they ☐

20 À quelle saison correspondent les mois **December**, **January**, **February** ?

spring ☐ winter ☐

21 Pour dire qu'il y a une pomme, tu diras :

there is... ☐ there are... ☐

22 Pour interroger sur un lieu, tu emploieras :

when ☐ where ☐

23 On te demande de mettre ton manteau (**coat**), on utilisera le verbe :

put on ☐ take off ☐

24 La cheminée (**chimney**) se trouve :

on the roof ☐ in the living room ☐

25 sixteen + four =

twelve ☐ twenty ☐

Les pays anglophones

1. What is the capital city of Northern Ireland?
2. Great Britain is composed of...
3. Where can you find the city of Pretoria?
4. On which continent can you find New Zealand?
5. What oceans border the United States?
6. What are the colours of the Canadian flag?

Résultats du test p. 6

Résultats du TEST

Si ta réponse est bonne, coche la case située à côté.

1 teeth ☐	6 is ☐	11 children ☐	16 ugly ☐	21 there is ☐
2 an ☐	7 yes ☐	12 blackboard ☐	17 in front of ☐	22 where ☐
3 how much ☐	8 doesn't ☐	13 can ☐	18 kitchen ☐	23 put on ☐
4 yes ☐	9 yes ☐	14 yes ☐	19 they ☐	24 on the roof ☐
5 his bed ☐	10 yes ☐	15 Ben's bike ☐	20 winter ☐	25 twenty ☐

Si tu as entre 18 et 25 bonnes réponses : bravo ! Tu es déjà un as en anglais. Et tu vas apprendre encore plus avec ce cahier !

Si tu as entre 10 et 17 bonnes réponses : c'est bien ! Ce cahier va te permettre de réviser quelques notions d'anglais que tu avais peut-être oubliées… Aide-toi du sommaire de la page 3 pour bien approfondir ces chapitres en priorité.

Si tu as entre 1 et 9 bonnes réponses : ce cahier va être très utile pour apprendre tes premières notions d'anglais. Lis à chaque fois bien attentivement les encadrés leçon et le vocabulaire proposé. Ensuite seulement, tu pourras faire les exercices. N'oublie pas aussi de te reporter au lexique à la fin de l'ouvrage.

Sur le site **www.hatier-entrainement.com**, tu peux aussi écouter des petites histoires en anglais.

Les pays anglophones

1. **Belfast** is the capital city of Northern Ireland.
2. Great Britain is composed of **England**, **Scotland** (Écosse) and **Wales** (Pays de Galles).
3. The city of Pretoria is in **South Africa**.
4. New Zealand is on **Oceania**.
5. The **Pacific Ocean** (West) and the **Atlantic Ocean** (East) are the oceans which border the United States.
6. **Red and white** are the colours of the Canadian flag.

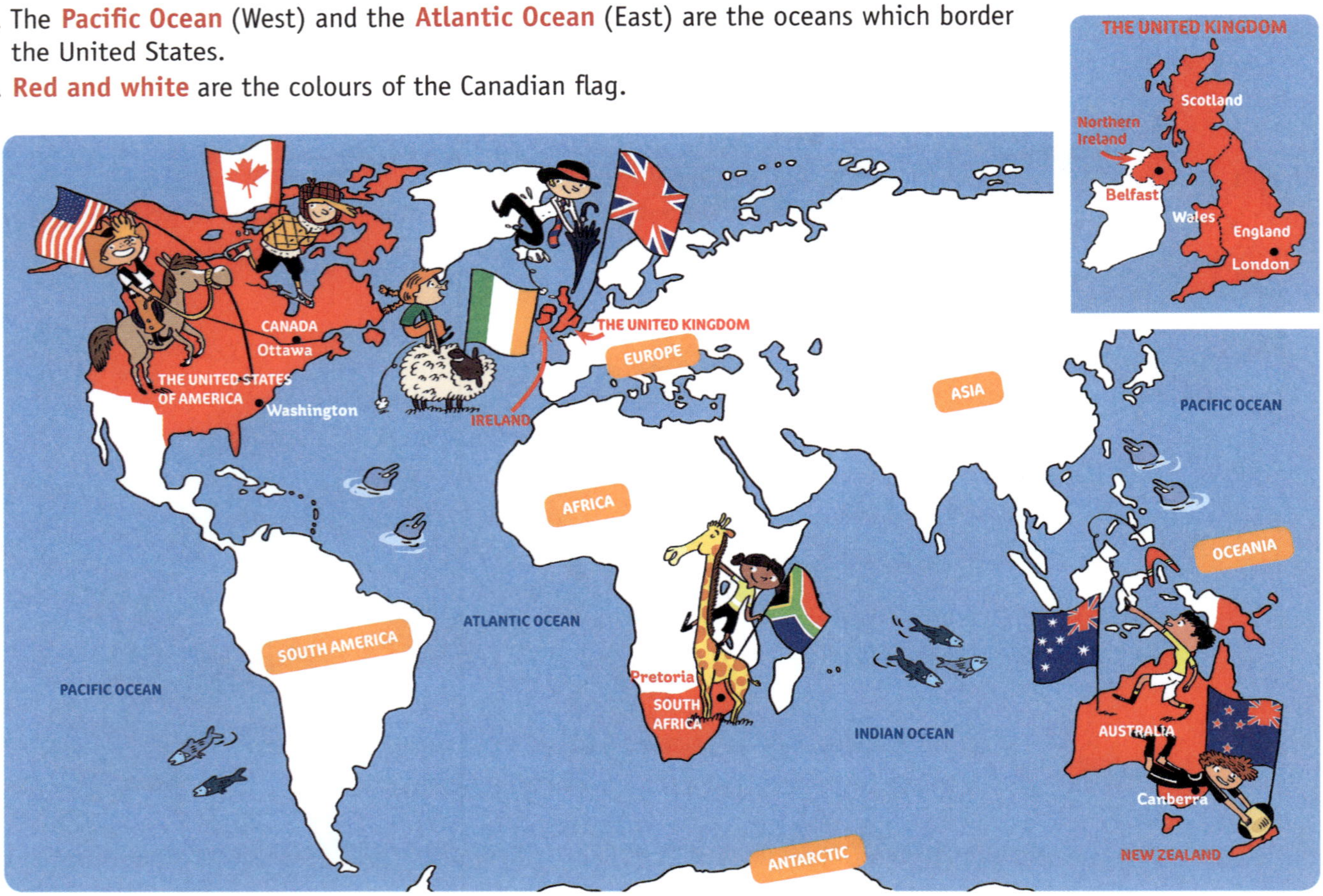

Hello!
Grâce à ce cahier, tu vas jouer avec tes premiers mots d'anglais. Si tu ne comprends pas tout, le lexique de la page 48 t'aidera. Le mémo à la fin du cahier t'expliquera comment bien prononcer les mots.

Prépare ton crayon, ta gomme et tes crayons de couleur !

Amuse-toi bien ! *Have fun!*

■ Chaque chapitre de ce cahier te propose 4 pages pour travailler le **vocabulaire** et la **grammaire** anglaise.

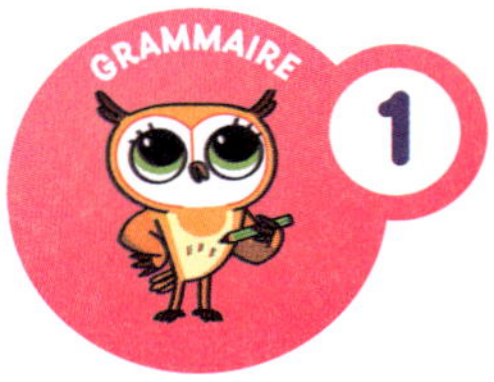

■ Lis attentivement le **vocabulaire** et la leçon de **grammaire** de l'encadré jaune avant de commencer les exercices de la page.

La forme contractée s'utilise surtout à l'oral : **My name's Allison**.

→ Les **exercices** te proposent 3 niveaux de difficulté : ★ facile, ★★ moyen, ★★★ plus difficile. Parfois, la chouette te donne une petite astuce ou un conseil pour t'aider à les faire, ou bien une information sur les habitudes des pays anglophones.

→ Après avoir regardé le livret des **corrigés**, tu pourras cocher l'une des trois cases situées en bas de chaque double page : la case verte si tu as tout bon, la case orange s'il y a 2 ou 3 erreurs et la case rouge s'il y en a davantage. Tu peux ensuite reporter tes résultats sur le **sommaire/tableau de bord** de la p. 3.

....

→ Sur les dernières pages du cahier, tu trouveras un **lexique** pour t'aider à comprendre les mots de tous les exercices et un **tableau sur la prononciation** des mots en anglais. Tu peux les regarder autant de fois que nécessaire.

Bonjour ! Hello!

JE COMPRENDS

- Pour saluer

Good night est utilisé pour souhaiter une bonne nuit alors que **good evening** sert à souhaiter une bonne soirée.

- Pour demander le nom de quelqu'un et se présenter

- Pour présenter quelqu'un

JE LIS

Hello James! Who is it? This is my brother Joseph.
Good morning Joseph, nice to meet you.

Who signifie **qui**.

★★ 1 **Présente ces personnages.**

Sam Ross (English teacher) : ....

Jonathan Meister (cousin) : ....

Lloyd Botway (friend) : ....

2 **Écris le dialogue entre Cameron et Allison qui se rencontrent pour la première fois.**

3 **Jessica et Ben se présentent chacun d'une manière différente.
Complète les bulles.**

4 **Remets ces mots dans le bon ordre pour former des phrases correctes.**

morning name is good my Cameron

....

my this Alon is brother

....

to nice meet you

....

name your is what ?

....

La forme contractée s'utilise surtout à l'oral : **My name's Allison**.

Pour te présenter, tu peux dire soit **My name's...**, soit **I'm...**

Corrigés p. 2

....

Plus d'exercices et de conseils sur **www.hatier-entrainement.com**

I speak English.
(Le présent simple)

JE COMPRENDS

Forme affirmative	Forme interrogative	Forme négative
I speak English. *Je parle anglais.*	Do you speak English?	I don't speak English. (I do not.)
I like sweets. *J'aime les bonbons.*	Do you like sweets?	I don't like sweets.
I understand. *Je comprends.*	Do you understand the text?	I don't understand the text.
I know. *Je sais/Je connais.*	Do you know Matthew?	I don't know Matthew.

1 **Mets ces phrases à la forme négative.**

I swim every week. ....

I run fast. ....

I drink milk. ....

I eat vegetables. ....

Every week signifi
toutes les semaines.

2 **Trouve la question qui correspond à ces réponses.**

No, I don't eat pork. ....?

No, I don't play golf. ....?

No, I don't walk on ice. ....?

No, I don't write on walls. ....?

Ici **don't (do not)** es
toujours contracte
Wall signifie **mur**.

3 Jessica n'aime vraiment rien ! Que dit-elle ? Utilise le verbe **like**.

I .... I .... I ....

Like se prononce « **laïk** ».

4 Cameron a des problèmes ! Que répond-il ? Utilise le verbe **understand**.

Cameron répond la même phrase ici.

5 Écris le verbe correspondant à chaque action.

A : ....

B : ....

C : ....

D : ....

E : ....

F : ....

Corrigés p. 2

....

Plus d'exercices et de conseils sur **www.hatier-entrainement.com**

La famille. The family

JE COMPRENDS

JE LIS

Jim is my uncle. Jane is my aunt. They have got two children, a son Sasha and a daughter Elena. They are my cousins. They live in London.

Grandmother peu se dire aussi **grandma**.

Live signifie **vivre**.

1 Complète la grille avec certains mots de l'arbre généalogique.

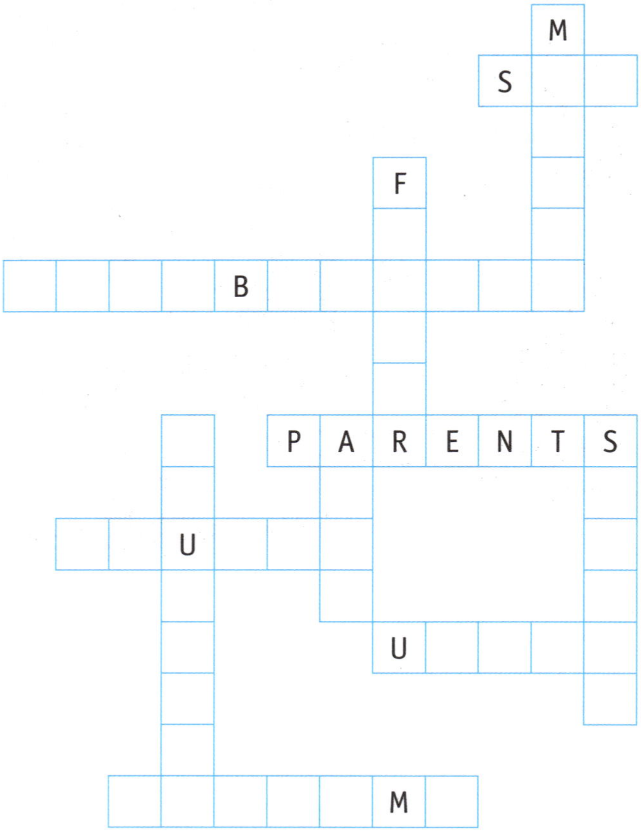

Corrigés p. 2

....

Plus d'exercices et de conseils sur www.hatier-entraineme

2 I have got a cat. (Avoir)

JE COMPRENDS

Have → Avoir	I have got. I've got.	*J'ai.*	We have got.	*Nous avons.*
	You have got.	*Tu as.*	You have got.	*Vous avez.*
	He/She has got.	*Il/Elle a.*	They have got.	*Ils/Elles ont.*

La forme contractée **'s got** ou **'ve got** est presque toujours utilisée à l'oral.

1 **Qui parle ? Relie les bulles aux images.**

I've got a dog. | I haven't got any animals. | I've got two cats.

I haven't got any traduit l'idée que tu n'en as pas ou que tu n'as rien du tout.

2 **Dessine cet étrange personnage.**

I have got 2 heads.

I have got 3 eyes.

I have got 3 legs.

I haven't got any arms.

I have got sunglasses and a hat.

Corrigés p. 2-3

....

Plus d'exercices et de conseils sur www.hatier-entrainement.com

VOCABULAIRE 3

Les repas. Meals

JE COMPRENDS

breakfast lunch dinner

JE LIS

What do you want for dinner?
I want chicken with potatoes and peas. For dessert, I want a peach and some apple pie.

Have lunch signifie **déjeuner**. **Have dinner** signifie **dîner**.

Want signifie **vouloir**.

Vegetables signifie **légumes**. **Meat** signifie **viande**.

★ 1 **Place ces aliments dans la bonne case.**

beans – water – sausages – chicken – peach – tea – peas – hamburger – lemon – cauliflower – potatoes – cherries – apples – orange juice

VEGETABLES	MEAT	DRINKS	FRUITS
....	....	....	....
....	....	....	....
....	....	....	....
....	....	....	....

2 Jessica et Allison ont faim et soif. Complète les bulles.

3 Good to eat. Complète ces mots.

_ E A _   _ E A _ _   _ _ E A _   _ E A _

4 Relie Ben, Cameron et Jessica à ce que chacun va prendre au petit déjeuner.

5 Vrai ou faux ? True or false? Coche la bonne réponse.

I eat coffee.	❑ True	❑ False
I drink pears.	❑ True	❑ False
I eat chicken.	❑ True	❑ False
I drink milk.	❑ True	❑ False

Pour proposer quelque chose à manger, tu diras **Have some...** Par exemple, **Have some bananas**.

N'oublie pas : **toast** ne prend pas de **s**.

Corrigés p. 3

....

Plus d'exercices et de conseils sur **www.hatier-entrainement.com**

GRAMMAIRE 3

I am happy. (Être)

JE COMPRENDS

Be → Être

I am.	I'm.	*Je suis.*	We are.	We're.	*Nous sommes.*
You are.	You're.	*Tu es.*	You are.	You're.	*Vous êtes.*
He/She is.	He's/She's.	*Il/Elle est.*	They are.	They're.	*Ils/Elles sont.*
It is (objet, animal)...	It's	*C'est...*			

Be s'emploie aussi pour dire ce que l'on ressent : la faim, la soif, le froid, le chaud, etc. En français, on utilise le verbe **avoir**.

I am hungry. *J'ai faim.* I am thirsty. *J'ai soif.* I am cold. *J'ai froid.*

Il y a → there is ou there are

There is an apple on the table. (an apple : mot au singulier)

There are 2 apples on the table. (2 apples : mot au pluriel)

N'oublie pas : **isn't** est la forme contractée de **is no**
He isn't thirsty.

1 Observe les dessins et réponds aux questions par une phrase complète.

Is Ben in the car?

....

Is Allison in the kitchen?

....

Are the children hungry?

....

Is Jessica cold?

....

2 **Que vois-tu dans le réfrigérateur ? Utilise les mots suivants :**
eggs – bottle of milk – lemons – chocolate cake – tomatoes – butter.

In the fridge, there is ....

....

There is ....

....

There are ....

....

There are ....

....

There are ....

There is ....

Fais attention au mot qui suit **there is** et **there are** : sera-t-il au singulier ou au pluriel ?

3 **Écris ce que chaque personnage ressent.**

She .... He .... She .... They ....

Le verbe **être**, **be**, sert à exprimer ce que l'on ressent (froid, faim, chaud).

4 **Mets ces mots dans le bon ordre pour former des phrases.**

a is in my cat bag there

....

under your are there exercise books foot two

....

Corrigés p. 3

....

Le calendrier, le temps.
The calendar, the weather

JE COMPRENDS

- *La semaine.* The week. *L'année.* The year

A week: Monday, Tuesday, Wednesday, Thursday, Friday, Saturday, Sunday.

A year: January, February, March, April, May, June, July, August, September, October, November, December.

- *Les quatre saisons.* The four seasons

autumn winter spring summer

JE LIS

- *La date.* The date

A lot of work for them!

1 **Observe cet emploi du temps et complète les phrases.**

Monday	Tuesday	Wednesday	Thursday	Friday	Saturday	Sunday
school	school	school; tennis	school	school	football	lunch at Grandma's; swimming

I go to school on ....

I play tennis on ....

I go to the swimming pool on ....

I play football on ....

I have lunch at Grandma's on ....

Les jours de la semaine en anglais prennent toujours une **majuscule**.

2 Today is my birthday! Complète les phrases.

Jessica
30 avril

Cameron
14 janvier

Ben
31 juillet

Allison
11 octobre

Cameron's birthday is on ....

Jessica's ....

Allison's ....

Ben's ....

N'oublie pas de mettre **on** avant le nom du jour : **on Monday**.

3 Classe les jours de la semaine dans le bon ordre.

Tuesday – Sunday – Saturday – Thursday – Friday – Wednesday – Monday

....

4 Classe les mois de l'année dans le bon ordre.

April – July – January – December – March – October – February – November – May – September – June – August

....

....

Les mois de l'année prennent toujours une **majuscule** en anglais.

5 Relie les étiquettes aux dessins.

It's snowing.	It's sunny.	It's raining.	It's cloudy.

Corrigés p. 3

....

Plus d'exercices et de conseils sur www.hatier-entrainement.com

Give me the book. (Les articles et les pronoms personnels)

JE COMPRENDS

- Les articles indéfinis

a (*un, une*) devient **an** devant un mot commençant par une voyelle.
a cat, **an** orange

Au pluriel, on supprime l'article indéfini.
I have got a dog. J'ai un chien.
I have got dogs. J'ai des chiens.

- L'article défini **the** (*le – la – les – l'*)

The cup is on the table. La tasse est sur la table.
The cups are on the table. Les tasses sont sur la table.

- Attention !

Give me a magazine. Donne-moi un magazine (n'importe lequel).
Give me the magazine. Donne-moi le magazine (un magazine précis, celui-ci et pas un autre).

- Les pronoms personnels sujets

I	→	*je*	it	→	*il/elle (animal, objet)*
you	→	*tu*	we	→	*nous*
he	→	*il*	you	→	*vous*
she	→	*elle*	they	→	*ils/elles*

1 Ajoute a ou an.

.... umbrella	.... lion
.... shoe	.... sausage
.... escalator	.... window
.... ice cream	.... apple pie
.... pencil	.... flower
.... car	.... Italian restaurant
.... trumpet	.... orange

Les adjectifs de nationalité prennent toujours une majuscule : **an English cake**.

2 Traduis.

la banane / une banane / des bananes

....

le père / un père / des pères

....

l'œuf / un œuf / des œufs

....

3 Écris des phrases au pluriel. Utilise les mots **roses, trousers, ice creams** et les verbes **eat**, **wear** et **like**.

....

....

....

4 Remplace les mots en couleur par le pronom personnel qui convient. Réécris la phrase.

The teachers are in the classroom. ....

Allison and Jessica never have breakfast. ....

Cameron likes to go to school. ....

Britney and I live in New York. ....

Souviens-toi que le verbe **like** prend un **s** (**likes**) à la 3e personne du singulier.

5 Relie chaque groupe de mots au pronom personnel qui pourrait le remplacer.

my mother •	• it
the computer •	
your brother •	• he
the bottle of milk •	
his sister •	• she
friends •	
his grandmother •	• they

6 Complète par **he** ou **she**.

.... is in London. .... is at school. .... likes coffee.

London is the capital of England and the United Kingdom.

Corrigés p. 3-4

....

Plus d'exercices et de conseils sur www.hatier-entrainement.com

5 À l'école. At school

JE COMPRENDS

JE LIS

In my schoolbag, there are three books, two exercise books and a pencil case. My teacher is very nice. I like school.

Nice signifie **gentil**, **like** signifie **aimer**.

School se prononce « **skoul** ».

★ **1 Ajoute les voyelles manquantes.**

S C H _ _ L	P _ P _ L	P _ N C _ L
B _ _ K	T _ _ C H _ R	P _ N C _ L C _ S _

★ **2 Relie chaque mot au dessin correspondant.**

school bag • exercise book • pen • pencil case • blackboard •

★★ **3 Certains mots ont sauté sur une autre ligne. Réécris les phrases correctement.**

I write with books. ....

I read pencils. ....

The blackboard is in the pencil case. ....

The teacher writes on the pen. ....

Corrigés p. 4

....

Plus d'exercices et de conseils sur www.hatier-entrainement

GRAMMAIRE 5

Look! I can swim! (Pouvoir. L'impératif)

JE COMPRENDS

▸ **Can → Pouvoir / Avoir l'autorisation / Être capable**

▸ L'impératif → pour donner un ordre → ou pour interdire

1 Que demande Ben très poliment ? Utilise les verbes read, close et eat.

Can I .... , please?   ....?   ....?

Can I + verbe sert à demander l'autorisation de faire quelque chose.

2 Qu'interdit ce professeur ?

Don't ....

On holiday signifie **en vacances**.

3 Complète.

At home, I can ...., but I can't ....

At school, I can ...., but I can't ....

On holiday, I can ...., but I can't ....

Corrigés p. 4

....

Plus d'exercices et de conseils sur www.hatier-entrainement.com

VOCABULAIRE 6 À la maison. At home

JE COMPRENDS

JE LIS

Emma!
Set the table in the dining room please!
Put the plates, the glasses, the knives, the forks and don't forget the napkins!

Set the table signifie **mettre la table** et **don't forget** signifie **n'oublie pas**. **Knives** est le pluriel de **knife** (couteau).

Chouette CM2

10-11 ANS

Les corrigés
Anglais

- **L'apprentissage d'une langue,** étrangère ou régionale, est défini par cinq activités : écouter et comprendre, lire, parler en continu, écrire, réagir et dialoguer. À la fin du cycle 3, c'est-à-dire en 6e, votre enfant devra avoir atteint le niveau A1 dans ces cinq activités et le niveau A2 dans au moins deux d'entre elles.
- **Le niveau A2** permet de se débrouiller *a minima* en situation réelle : votre enfant peut comprendre une intervention brève, il peut lire et comprendre des textes courts et produire des énoncés simples. Il peut dialoguer sur des thèmes familiers et reformuler son propos pour s'adapter à son interlocuteur. À ce stade, votre enfant apprend aussi quelques éléments culturels du pays dont il étudie la langue, ce qui rend son apprentissage plus varié et concret.

Hatier

Unité 1

VOCABULAIRE p.8

JE LIS Salut James ! Qui est-ce ? C'est mon frère Joseph. Bonjour Joseph. Content de te connaitre (connaître).

1 This is Sam Ross, he is my English teacher. This is Jonathan Meister, he is my cousin. This is Lloyd Botway, he is my friend.

2 *Cameron :* Hello! *Allison :* Good morning! *Cameron :* What's your name? *Allison :* My name's Allison. *Cameron :* And I am Cameron. *Allison :* Nice to meet you. *Allison :* I must go now. *Cameron :* Good bye.

3 *Jessica :* Hello! My name's Jessica.
Ben : I am Ben.

4 Good morning, my name is Cameron. This is my brother Alon. Nice to meet you. What is your name?

GRAMMAIRE p.10

1 I do not (don't) swim every week.
I don't run fast.
I don't drink milk. I don't eat vegetables.

2 Do you eat pork? Do you play golf? Do you walk on ice? Do you write on walls?

3 I don't like cheese. I don't like coffee.
I don't like milk.

4 I don't understand. I don't understand.

5 *A* : walk *B* : run *C* : eat *D* : drink *E* : swim
F : play

Unité 2

VOCABULAIRE p.12

JE LIS Jim est mon oncle. Jane est ma tante. Ils ont deux enfants, un fils Sasha et une fille Elena. Ce sont mes cousins. Ils habitent à Londres.

1

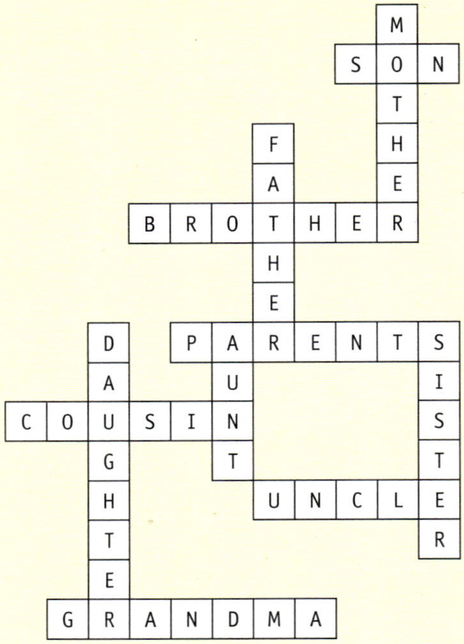

GRAMMAIRE p.13

1

2 *Ton personnage doit avoir :* deux têtes, trois yeux, trois jambes, des lunettes de soleil et un chapeau, mais il n'a pas de bras.

Unité 3

VOCABULAIRE p.14

JE LIS Que veux-tu pour le diner (dîner) ? Je veux du poulet avec des pommes de terre et des petits pois. Pour le dessert, je veux une pêche et de la tarte aux pommes.

1 *vegetables :* beans, peas, cauliflower, potatoes.
meat : sausages, chicken, hamburger.
drinks : water, tea, orange juice.
fruits : peach, lemon, cherries, apples.

2 *Par exemple :* Have some apple pie! Have some orange juice!

3 pear, peach, bread, bean.

4

5 *Dans l'ordre :*
F (I drink coffee) / F (I eat pears) / T / T

GRAMMAIRE p.16

1 Yes, he is. No, she isn't. Yes, they are. No, she isn't.

2 In the fridge, there is a bottle of milk.
There is a chocolate cake.
There are 9 eggs. There is butter.
There are 2 tomatoes.
There are 3 lemons.

3 She is cold. He is hungry. She is thirsty. They are hot.

4 There is a cat in my bag. There are two exercise books under your foot.

Unité 4

VOCABULAIRE p.18

JE LIS Quel jour sommes-nous aujourd'hui ? Aujourd'hui, on est mardi. Mardi 25 décembre. Beaucoup de travail pour eux !

1 I go to school on Monday, Tuesday, Wednesday, Thursday, Friday. I play tennis on Wednesday. I go to the swimming pool on Sunday. I play football on Saturday. I have lunch at Grandma's on Sunday.

2 Cameron's birthday is on January 14th. Jessica's birthday is on April 30th. Allison's birthday is on October 11th. Ben's birthday is on July 31st.

3 Monday, Tuesday, Wednesday, Thursday, Friday, Saturday, Sunday.

4 January, February, March, April, May, June, July, August, September, October, November, December.

5

GRAMMAIRE p.20

1 an umbrella - a shoe - an escalator - an ice cream - a pencil - a car - a trumpet - a lion - a sausage - a window - an apple pie - a flower - an Italian restaurant - an orange

2 the banana, a banana, bananas.
the father, a father, fathers.
the egg, an egg, eggs.

3 I like roses. I wear trousers. I eat ice creams.

4 They are in the classroom. They never have breakfast. He likes to go to school. We live in New York.

5 *it :* the computer, the bottle of milk.
he : your brother.
she : my mother, his sister, his grandmother.
they : friends.

6 She is in London. She is at school.
He likes coffee.

Unité 5

VOCABULAIRE p.22

JE LIS Dans mon cartable, il y a trois livres, deux cahiers et une trousse. Mon professeur est très gentil. J'aime l'école.

1 school – book – pupil – teacher – pencil – pencil case

2

pencil case

bag

exercise book

pen

blackboard

3 I write with pens. I read books. The pencil is in the pencil case. The teacher writes on the blackboard.

GRAMMAIRE p.23

1 Can I close the window, please? Can I read this book, please? Can I eat a sweet, please?

2 Don't speak! Don't stand up on your chair! Don't sing!

3 *Par exemple :* At home, I can play cards, but I can't play football. At school, I can speak, but I can't make noise. On holiday, I can go to bed late, but I can't sleep all day long!

Unité 6

VOCABULAIRE p.24

JE LIS Emma ! Mets la table dans la salle à manger, s'il te plait (plaît) ! Mets les assiettes, les verres, les couteaux, les fourchettes et n'oublie pas les serviettes !

1 *kitchen :* fridge, spoon, cooker.
bathroom : towel, bath, mirror.
living room : TV set, lamp, armchair.

2 *Tu dois trouver les mots :* carpet, lamp, wall, roof, chair, window, mirror, fridge, sofa.
Le dixième mot est : flat *(appartement)*.

3 Jack is in the kitchen.

Jack is in the living room.
Jack is in the bathroom. Jack is on the roof.

4 bottle, cupboard, spoon, knives, carpet, napkin, chimney.

GRAMMAIRE p.26

1 The chimney is on the roof. The cooker is between the fridge and the cupboards. The towel is in front of the armchair.
The TV set is behind the sofa. The carpet is under the TV set.

2 1. The spoon is in the glass.
2. The carpet is under the dining room table.
3. The telephone is under the TV set.
4. The plate is on the carpet.

3 He is in the cupboard.
He is under the bed.
He is behind the door.

4 The glasses are on the table.
The plates are under the table.
The napkin is in the glass.

5

Jessica		
Ben	Allison	Cameron
		Jennifer

Unité 7

VOCABULAIRE p.28

JE LIS Regarde mon beau monstre ! Il a un œil bleu et deux yeux noirs. Un bras est court et l'autre bras est long. Il n'a pas de cheveux mais un long pied.
Oh ! Il est vraiment très laid !

1 eye, mouth, teeth, neck.

2

T	O	E	S			
			H	E	A	D
		F	O	O	T	
	M	O	U	T	H	
			L	E	G	
H	A	N	D			
	K	N	E	E	S	
H	A	I	R			
E	Y	E	S			

3 Samantha est la fille de droite.

4 *Par exemple :*
My hair is brown and long.
My face is round.
My mouth is small.
I have got blue eyes.

GRAMMAIRE p.30

1 1. I'm fat!
2. I'm light!
3. I'm happy!
4. I'm small!
5. I'm young!
6. I'm cold!

2 1. Yes,
2. Yes,
3. No,
4. Yes,
5. Yes,
6. No.

3 old/young, small/big, beautiful/ugly, heavy/light, clean/dirty, thin/fat.

4 His name is George.

5 Paul is fat. Mary is tall. Helen is sad. Sam is old.

Unité 8

VOCABULAIRE p.32

JE LIS Allons au parc ! Mets un pull, une écharpe et un manteau. Il fait très froid. Enlève tes chaussons d'abord ! Mais, je ne porte jamais de manteau !

1 coat, shoes, boots, shirt, socks, scarf, jeans, skirt, sweater, dress, raincoat. *Il te restera les lettres du mot :* glove.

2 Take off your coat and your scarf. Put on your trousers and your shirt.

3 *Tu dois placer les mots :* scarf, socks, shoes, skirt, shirt.

GRAMMAIRE

p.34

1 They are Philip's shoes. It is Philip's tee-shirt. It is Sophie's skirt. It is Sophie's shirt. It is Sophie's dress.

2 Helen loves her dog. Paul likes his cat. Susan washes her sweaters. Matthew never takes off his socks. You always wear your scarf. I play tennis with my racket.

3 Whose dress is it?
Whose socks are they?
Whose shoes are they?
Whose hat is it?

4 It's her racket.
It's his bike.
It's his computer.

5 It's Allison's piano.
It's Ben's bike.
It's Cameron's skate.
It's Jessica's record.

Unité 9

VOCABULAIRE

p.36

JE LIS Raconte-moi ta journée. Eh bien, je prends le petit déjeuner à sept heures et demi. Je joue au tennis à deux heures. Je dîne à huit heures et vais au lit à neuf heures.

1 twenty one, three, four, fifty, eighty, thirteen, one (a) hundred, twelve.

2 77, 22, 100, 33, 80, 18.

3 eight + three = eleven.
seven + three = ten.
five + ten = fifteen.
two + six + four = twelve.

4 five o'clock, half past twelve, quarter to three, quarter past seven.

5 *Tu dois colorier selon le code suivant :* red = rouge, orange = orange, pink = rose, blue = bleu, green = vert, yellow = jaune.

6 *Par exemple :*
I have breakfast at half past seven (7 h 30).
I go to bed at half past eight (8 h 30).

GRAMMAIRE

p.38

1 Who is Mr Johnson? Our new English teacher. Where do you play tennis? At the country club. When were you born? January 14th. How many cousins have you got? 5. How much is it? 25 euros. Whose pen is it? It's Paul's pen.

2 How many books have you got in your bag? Where does your brother play tennis? What is this strange object? How old is your best friend? When can we visit your new house?

3 *Par exemple :* What's your name? My name is Marine. How old are you? I am 10 years old. What colour is your hair? My hair is blond. Where do you live? I live in Lyon.
How many brothers and sisters have you got? I have got 4 brothers and 4 sisters. When is your birthday? On April 1st. Who is your best friend? My best friend is Julie.

4 *Par exemple :* Where do you live? New York. How many sisters have you got? 2 sisters. How old are you? 9 years old. When were you born? ou When is your birthday? July 31st. What sport do you practise (like/play)? football. Whose bike is it? my sister's bike.

Unité 10

VOCABULAIRE

p.40

JE LIS Quelle drôle de ferme ! Il y a un singe, un bâtiment derrière la ferme, une cabine téléphonique dans un champs, un ours avec le cochon et des feux de signalisation sur la route.

1 1. PARROT 3. SUPERMARKET
2. MOUSE 4. FARM

2 lion, monkey, elephant, tiger.

3 *Tu dois trouver :* kangaroo.

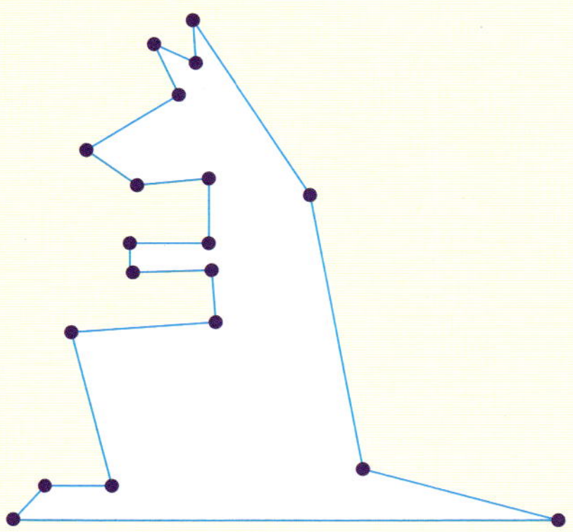

GRAMMAIRE

p.42

1 books, clocks, potatoes, fathers, dogs, tomatoes, rooms, matches, flashes, clouds, brushes, schools.

2 five blue cups.
the Italian restaurants.
my two brothers.
good chocolate cakes.
all my nice teachers.
I like American cars.

3 1. potatoes, 6. feet,
2. cities, 7. boxes,
3. babies, 8. children,
4. brushes, 9. teeth,
5. women, 10. leaves.

Unité 11

RÉVISIONS

p.44

Fais vérifier par un adulte.

RÉVISIONS

p.46

1 Dear John, My name is Peter and I live in London. I have got one brother and one sister. I go to school. I wear a uniform. My father is a doctor, my mother is a secretary. I like sports and I like video games. I play tennis on Saturday with my friends. I watch TV in the evening.
I usually go to bed early. My cat Prince sleeps on my bed. I hope to see you soon. Peter

2 cat – cherry – cloud – computer

3 *house :* door, chimney, roof, wall.
menu : carrots, cherries, apple pie, water.
family : mother, cousin, brother, uncle.
farm : field, cow, pig, hen.
bus, red, actor *sont les pièges*.

4 *Tu dois dessiner :* une fourchette, une cuillère, un couteau, un verre, une assiette, une bouteille de lait, du pain, une tasse.

5 bed, apricot, sun, eleven, ball, apple, lamb, letter.
BASEBALL.

1 Où trouve-t-on ces objets ? Place-les dans la bonne colonne.

towel – fridge – TV set – spoon – bath – cooker – mirror – lamp – armchair

kitchen	bathroom	living room
....	....	....
....	....	....
....	....	....

Fais attention : **cooker** signifie **la cuisinière** (l'objet), à ne pas confondre avec **cook** qui veut dire **cuisinier** ou **cuisinière** (le métier).

2 Cette grille contient neuf mots que tu viens d'étudier. Barre-les. Les quatre lettres non utilisées te donneront un dixième mot.

C	A	R	P	E	T	F
F	L	A	M	P	L	S
R	W	A	L	L	A	O
I	T	R	O	O	F	F
D	C	H	A	I	R	A
G	W	I	N	D	O	W
E	M	I	R	R	O	R

Le dixième mot est :

....

Certains mots peuvent se lire verticalement.

3 Dans quelle pièce se trouve Jack le lutin ?

Jack is in ....

....

Jack is in ....

....

Jack is in ....

....

Jack is on ....

....

Chimney est la cheminée sur le toit ; dans le salon, on dira **fireplace**.

4 Des trèfles remplacent les voyelles de ces mots. Retrouve-les et réécris les mots complets.

B ✤ T T L ✤ ....

C ✤ P B ✤ ✤ R D ....

S P ✤ ✤ N ....

K N ✤ V ✤ S ....

C ✤ R P ✤ T ....

N ✤ P K ✤ N ....

C H ✤ M N ✤ ✤ ....

Corrigés p. 4-5

....

6 sur, dans, dessous, derrière, entre, devant on, in, under, behind, between, in front of

JE COMPRENDS

Where is the ghost? *Où est le fantôme ?*

The ghost is **in** the car.

The ghost is **on** the car.

The ghost is **under** the car.

The ghost is **behind** the car.

The ghost is **in front of** the car.

The ghost is **between** the car and the tree.

1 **Observe bien ces dessins et réponds aux questions.**

Where is the lamp?
The lamp is on the table.

Where is the chimney?

....

....

Where is the cooker?

....

....

Where is the towel?

....

....

Where is the TV set?

....

....

Where is the carpet?

....

....

Towel signifie **serviette de toilette**.

2 **Ces deux dessins semblent identiques. Mais si tu observes bien le dessin de droite, tu remarqueras quatre différences. Trouve-les et écris-les.**

1. ....
2. ....
3. ....
4. ....

3 **Ben se cache. Trouve-le dans chacun de ces dessins.**

He is ....

He is ....

He is ....

Cupboard signifie **placard**.

4 **Entoure la bonne réponse.**

The glasses are
under on in
the table.

The plates are
on in under
the table.

The napkin is
on in under
the glass.

Napkin signifie **serviette de table**.

5 **Place les prénoms dans les étiquettes selon les informations communiquées.**

Allison is between Ben and Cameron.

Jessica is behind Ben.

Jennifer is in front of Cameron.

[ ]		
[ ]	[ ]	[ ]
		[ ]

Corrigés p. 5

....

7 Le corps. The body

JE COMPRENDS

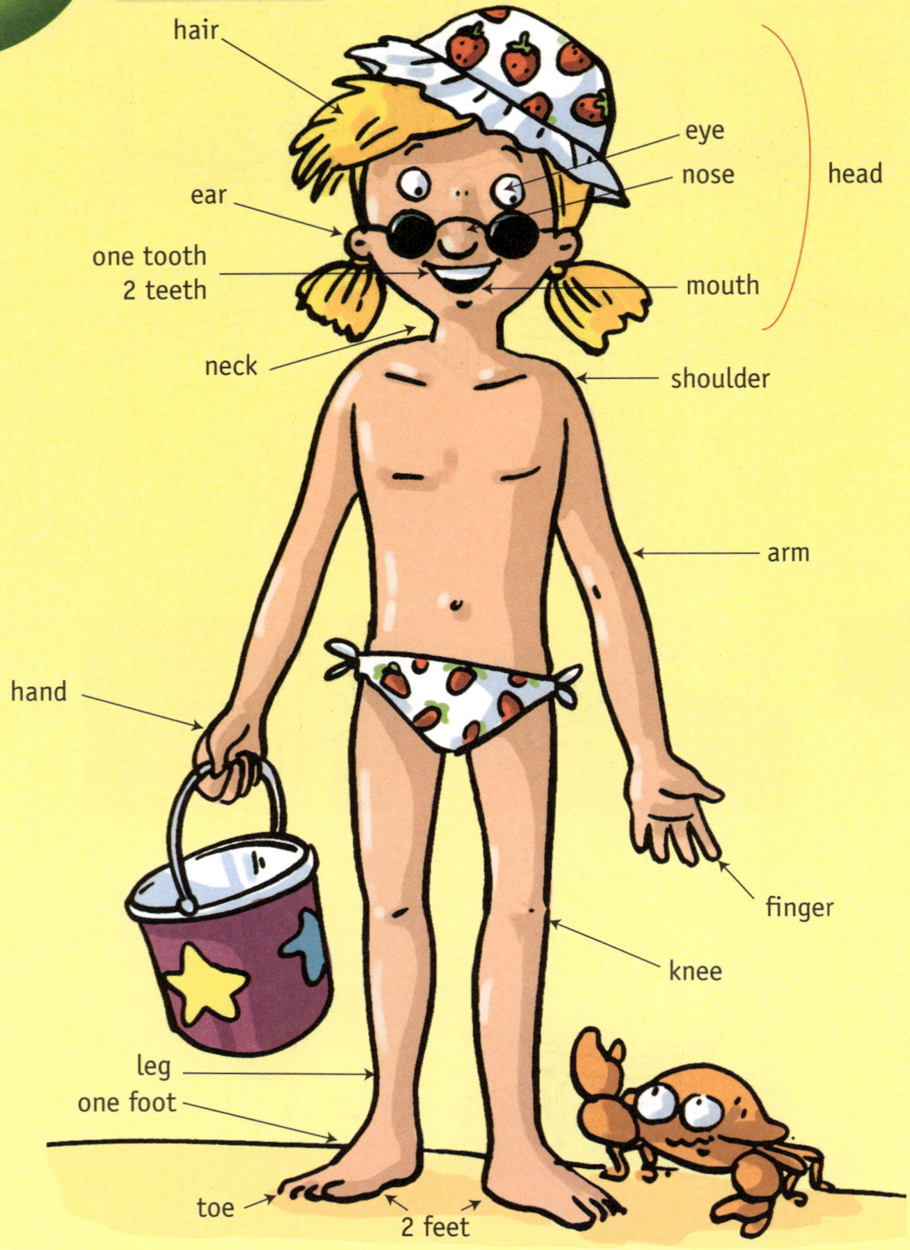

JE LIS

Look at my beautiful monster!
It has got a blue eye and two black eyes.
One arm is short and the other arm is long.
It has no hair but one long foot.
Oh! It's really very ugly!

Look at signifie **regarde**, **ugly** signifie **laid**.

1 **Mets ces lettres dans l'ordre pour retrouver différentes parties de la tête.**

T H O U M .... N C K E ....

E T H T E .... E E Y ....

2 **Regarde les dessins et complète la grille.**

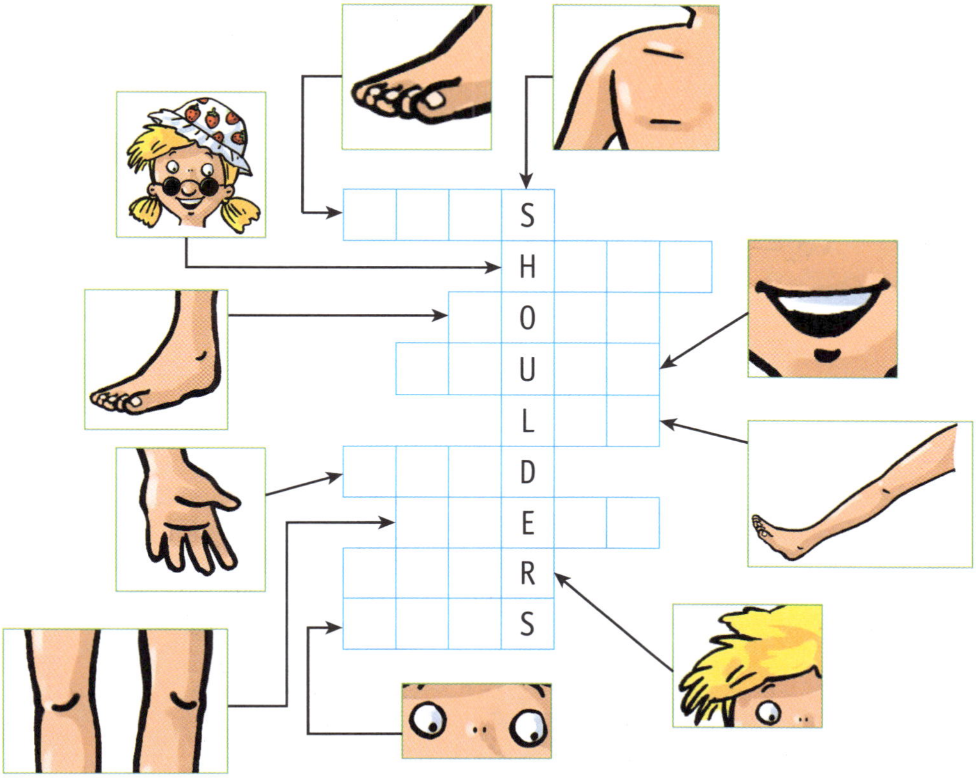

3 **Où est Samantha ? Entoure-la.**

Her hair is long. Her face is round.
Her hands are in her pockets.

4 **Peux-tu te décrire ? Utilise les mots** eyes, hair, face, ears, mouth **et les adjectifs** round, small, long, blue, brown**.**

My .... is ....

My ....

....

....

....

Tooth (dent) a un pluriel irrégulier : **teeth**.

Attention, tu dois mettre certains mots au pluriel !

Souviens-toi, **hair** est toujours au singulier : **my hair is long**.

Corrigés p. 5

....

Plus d'exercices et de conseils sur www.hatier-entrainement.com

Big and small (Les adjectifs)

JE COMPRENDS

happy / sad

young / old

hot / cold

tall / short

fat / thin

big / small

heavy / light

beautiful / ugly

Souviens-toi qu'o
utilise le verbe **êt**
pour exprimer ce
que l'on ressent.
Par exemple,
I am hot signifie
j'ai chaud.

★ 1 Les bulles ont été mélangées.
Rends à chaque personnage la bulle qui lui correspond.

★ 2 Yes or No? Colorie la bonne réponse.

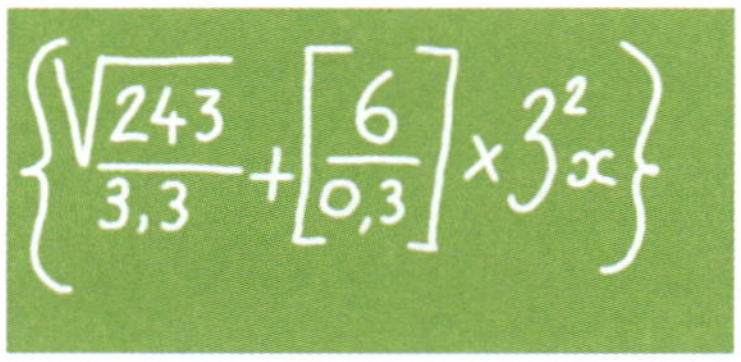
1

This is a difficult exercise.

Yes No

2

This is a heavy suitcase.

Yes No

3

This is a big cake.

Yes No

4

This is a dirty shirt.

Yes | No

5

This is a beautiful flower.

Yes | No

6

It's cold.

Yes | No

Souviens-toi, l'adjectif se place **avant** le nom : **a small bag**.

3 Relie chaque adjectif à son contraire.

old •	• fat
small •	• ugly
beautiful •	• dirty
heavy •	• young
clean •	• light
thin •	• big

Souviens-toi, l'adjectif se place **après** le verbe : **you are beautiful**.

4 Qui est décrit ainsi ? Ben ou George ?

He is happy, he is fat, he has got big ears but small legs, his name is ....

5 Complète ces phrases avec les adjectifs old, tall, sad, fat.

Paul is .... Mary is .... Helen is .... Sam is ....

Corrigés p. 5

....

Plus d'exercices et de conseils sur www.hatier-entrainement.com

VOCABULAIRE 8

Les vêtements. Clothes

JE COMPRENDS

JE LIS

Let's go to the park!
Put on a sweater, a scarf and a coat, it's very cold.
Take off your slippers first!
But I never wear coats!

Pour parler des vêtements, tu vas souvent utiliser **wear** qui signifie **s'habiller**, **put on** qui signifie **mettre**, **enfiler** un vêtement et **take off** qui signifie **enlever, retirer**.

1 **Onze vêtements se cachent dans cette grille. Entoure-les. Les lettres restantes te donneront le mot anglais correspondant au dessin.**

C	O	A	T	G	L	O	S
V	E	S	H	O	E	S	W
B	O	O	T	S	J	S	E
S	H	I	R	T	E	K	A
S	O	C	K	S	A	I	T
S	C	A	R	F	N	R	E
S	S	E	R	D	S	T	R
T	A	O	C	N	I	A	R

....

Attention ! Les mots peuvent être lus à l'envers.

2 **Il fait chaud.**
Dis-lui de retirer son manteau et son écharpe.

Il pleut.
Dis-lui de mettre ces vêtements : trousers, shirt.

....

....

....

....

....

....

Attention, **trousers** (pantalon) prend toujours un **s**, car il y a 2 jambes !

3 **Les cinq s. Tous ces vêtements commencent par la lettre s.**
Retrouve-les et place-les dans la grille.

Corrigés p. 5-6

....

Plus d'exercices et de conseils sur **www.hatier-entrainement.com**

8 This is my book. (Les déterminants possessifs)

JE COMPRENDS

- Les pronoms

my → *mon – ma – mes*
your → *ton – ta – tes*
his → *son – sa – ses* (possesseur masculin)
her → *son – sa – ses* (possesseur féminin)

his ball
son ballon

her ball
son ballon

- **Whose? → *à qui ?***

1 À qui appartiennent ces vêtements ?

They are Philip's glasses.

They ....

It ....

It is Sophie's ....

It ....

It ....

2 Complète les phrases avec my, your, his ou her.

Helen loves .... dog.

Paul likes .... cat.

Susan washes .... sweaters.

Matthew never takes off .... socks.

You always wear .... scarf.

I play tennis with .... racket.

3 **Demande à qui appartiennent ces vêtements.**
Utilise les mots dress, socks, shoes, hat.

Whose .... ?

.... ?

.... ?

.... ?

4 **Réécris les phrases en utilisant le pronom correct.**
It's Julia's telephone. It's her telephone.

It's Helen's racket. ....

It's Simon's bike. ....

It's Benjamin's computer. ....

N'oublie pas : on emploie **his** pour un possesseur masculin, **her** pour un possesseur féminin.

5 **Les fils se sont emmêlés. Retrouve l'objet appartenant à chaque personnage et écris le mot à côté de chacun d'eux.**

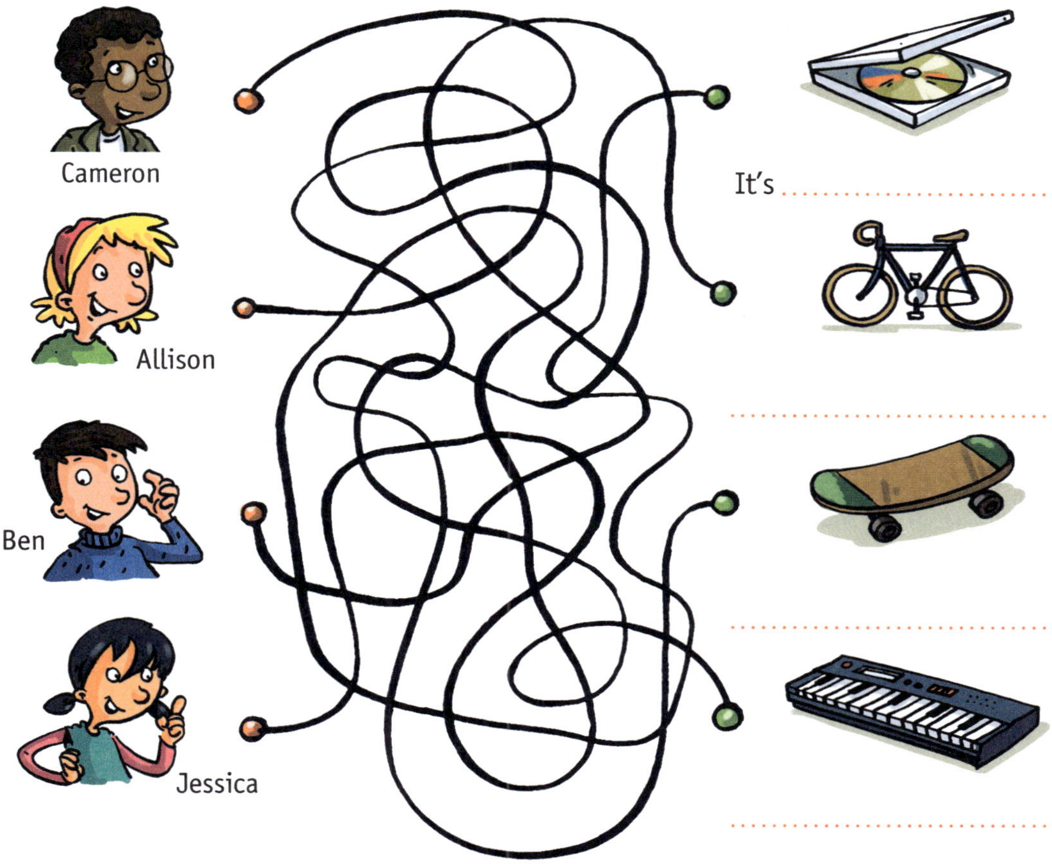

It's ....

....

....

....

Corrigés p. 6

....

VOCABULAIRE 9

Les chiffres, l'heure, les couleurs.
Numbers, time, colours

JE COMPRENDS

▸ Numbers

1	2	3	4	5	6	7	8	9	10	11	12
one	two	three	four	five	six	seven	eight	nine	ten	eleven	twelve

13	14	15	16	17	18	19	20
thirteen	fourteen	fifteen	sixteen	seventeen	eighteen	nineteen	twenty

25	30	40	50	60	70	80	90	100
twenty five	thirty	forty	fifty	sixty	seventy	eighty	ninety	a/one hundred

▸ What time is it? *Quelle heure est-il ?*

It's nine o'clock.

It's quarter past nine.

It's half past nine.

It's quarter to ten.

Half signifie **la demie**.

▸ Colours

The sky is **blue**.

A tomato is **red**.

A banana is **yellow**.

A pig is **pink**.

An orange is **orange**.

Peas are **green**.

Chocolate is **brown**.

Milk is **white**.

JE LIS

Tell me about your day!
Well. I have breakfast at half past seven.
I play tennis at 2 o'clock.
I have dinner at eight o'clock and I go to bed at nine o'clock.

1 Écris en toutes lettres.

21 : ....

80 : ....

3 : ....

13 : ....

4 : ....

100 : ....

50 : ....

12 : ....

2 Écris en chiffres.

seventy seven : ....

thirty three : ....

twenty two : ....

eighty : ....

one hundred : ....

eighteen : ....

3 Donne le résultat de ces additions en lettres.

eight + three = ...

five + ten = ...

seven + three = ...

two + six + four = ...

4 What time is it? Écris l'heure en toutes lettres.

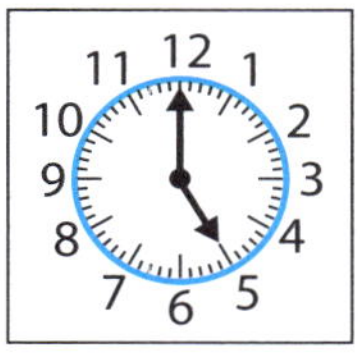

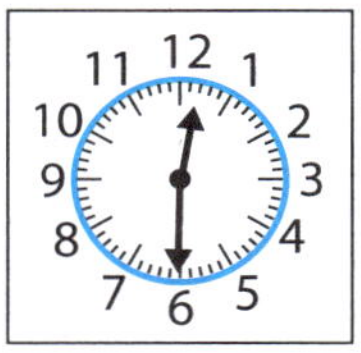

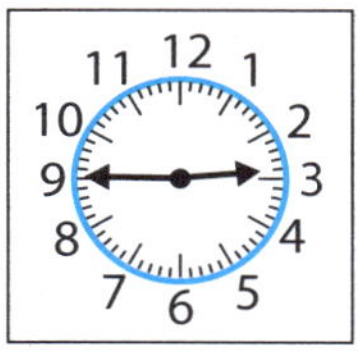

....

5 Colorie cet arc-en-ciel.

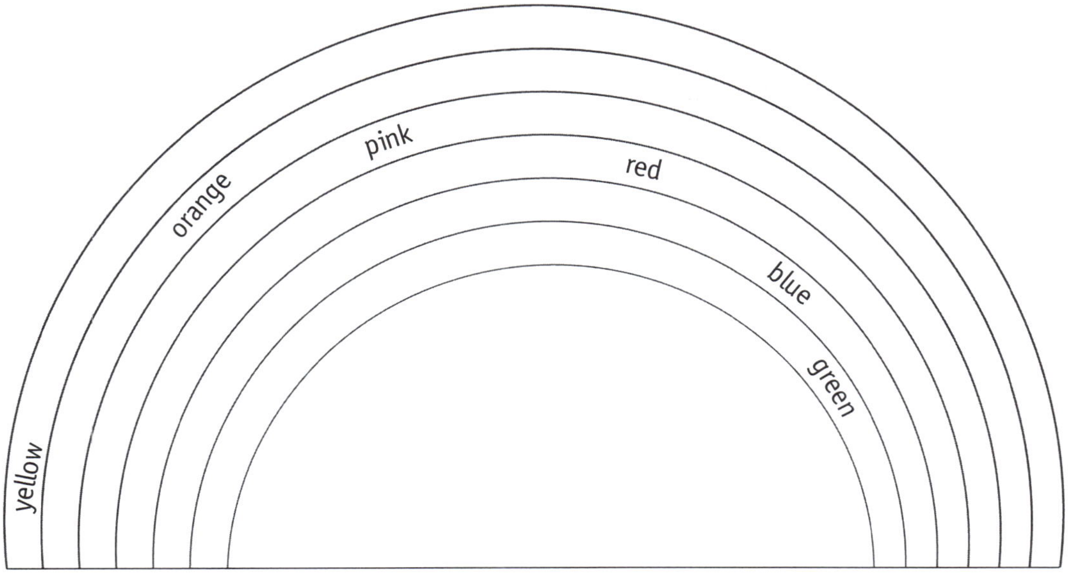

6 What time do you...? À quelle heure fais-tu ces actions ?

I have breakfast at ....

I go to bed at ....

Ne confonds pas les chiffres en **-een** et en **-ty** : **sixteen** signifie **seize** et **sixty** veut dire **soixante**.

N'oublie pas : on ajoute **o'clock** seulement pour l'heure pile.

Corrigés p. 6

....

Plus d'exercices et de conseils sur www.hatier-entrainement.com

GRAMMAIRE

9 Quoi ? Qui ? Où ? À qui ? Quand ? Comment ? What? Who? Where? Whose? When? How?

JE COMPRENDS

1 Relie les questions à leur réponse.

Who is Mr Johnson? •	• January 14th
Where do you play tennis? •	• our new English teacher
When were you born? •	• at the country club
How many cousins have you got? •	• It's Paul's pen.
How much is it? •	• 5
Whose pen is it? •	• 25 euros

When were you born? signifie **Quand es-tu né(e)**

2 Mets ces mots dans le bon ordre pour poser cinq questions.

books have many in bag how got you your ?

....

does brother where play your tennis ?

....

is this object what strange ?

....

best is old your how friend ?

....

can when your house we new visit ?

....

3 **Réponds à ces questions.**

What's your name? ....

How old are you? ....

What colour is your hair? ....

Where do you live? ....

How many brothers and sisters have you got? ....

When is your birthday? ....

Who is your best friend? ....

4 **Pose à Ben les questions correspondant à ses réponses.**

....

....? New York

....

....? 2 sisters

....

....? 9 years old

....

....? July 31st

....

....? football

....

....? my sister's bike

Attention ! **How many** est toujours suivi du mot sur lequel on pose la question : **how many books...?**

Deux questions sont possibles pour la réponse **July 31st**.

Corrigés p. 6-7

....

Les animaux. La ville et la campagne
Animals. Town and country

JE COMPRENDS

JE LIS

What a strange farm!
There is a monkey, a building behind the farm, a telephone box in a field, a bear with the pig and a traffic light on the road.

On peut dire **zebra crossing** ou **pedestrian crossir** pour traduire le **passage piéton**.

Field signifie **champs**. **Traffic light** signifie **feux de signalisation**.

1 **Déchiffre le code secret pour trouver ces mots nouveaux. Chaque symbole correspond toujours à la même lettre.**

1

	A				T
–	■	○	○	☆	✿

4

F			M
)	■	○	✕

2

	O	U		E
✕	☆	❤	●	▲

3

S		P					R	K		
●	❤	–	▲	○	✕	■	○	✚	▲	✿

2 **Quels animaux vivent dans la jungle ? Entoure-les.**

lion cow duck elephant

tiger hen chick monkey

3 **Relie les points dans l'ordre pour dessiner cet animal. Place les lettres dans le tableau pour trouver son nom.**

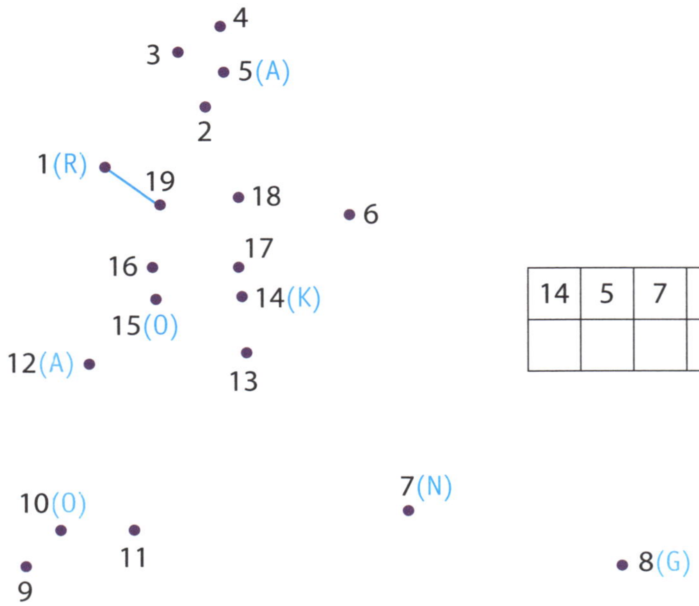

14	5	7	8	12	1	15	10

L'animal que tu dois trouver vit principalement en Océanie.

Corrigés p. 7

....

GRAMMAIRE

10 One chair, two chairs (Le pluriel)

JE COMPRENDS

- En général, les mots anglais prennent un **s** au pluriel.

a chair → chairs
a cat → cats
an orange → oranges

- Attention ! Il y a des exceptions :

brush	→	brushes
box	→	boxes
match	→	matches
tomato	→	tomatoes
potato	→	potatoes
baby	→	babies
city	→	cities
sky	→	skies
cherry	→	cherries

man	→	men
woman	→	women
foot	→	feet
tooth	→	teeth
child	→	children

- Pluriel des adjectifs

Les adjectifs en anglais ne prennent pas de **s**. Ils restent invariables.
Two blue cars
The beautiful girls

1 **Ajoute s ou es à ces mots pour les mettre au pluriel.**

book..........
clock..........
potato.........
father..........
dog............
tomato........

room...........
match..........
flash...........
cloud...........
brush..........
school.........

Le **s** en anglais se prononce « **s** » (**books**), « **z** » (**dogs** ou « **iz** » (**brushes**

2 **Mets ces groupes de mots au pluriel. Ajoute un s quand c'est nécessaire.**

five blue cup
the Italian restaurant
my two brother
good chocolate cake
all my nice teacher
I like American car .

Fais attention : en anglais, les adjectifs sont **invariables**, c'est-à-dire qu'ils ne s'accordent jamais.

3 **Observe les dessins.**
Mets les mots correspondants au pluriel et place-les dans la grille.

2

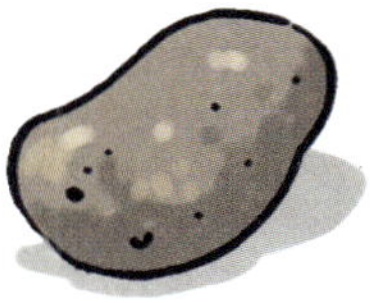

1

10

3

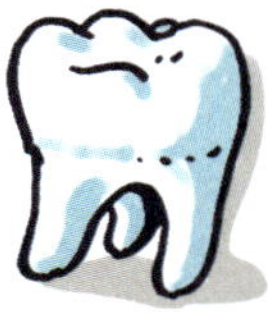

9

Attention, **tooth** et **foot** ont des pluriels irréguliers.

4

8

5

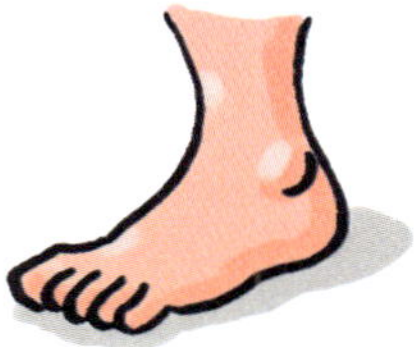

6

7

Corrigés p. 7

....

Plus d'exercices et de conseils sur www.hatier-entrainement.com

RÉVISIONS 11

Ma journée. My day

JE COMPRENDS

I get up at 7.

I have a shower.

I play tennis.

I have lunch at 12.

I do my homework.

I watch TV.

★★ 1 **Et toi, quel est ton emploi du temps ? Écris dans chaque case ce que tu fais dans la journée.**

I have breakfast.

I brush my teeth.

I am in my classroom.

I take the bus to school.

I have dinner at 7.30.

I go to bed at 9.

N'oublie pas : pour les expressions prendre le petit déjeuner, le déjeuner et le diner, prendre une douche, on utilise **have** en anglais.

Corrigés p. 7

....

Plus d'exercices et de conseils sur **www.hatier-entrainement.com**

RÉVISIONS 11

Jouons maintenant !
Let's play now!

★ 1 Certains mots de cette lettre écrite par Peter ont été effacés. Retrouve-les.

N'oublie pas : I (je) s'écrit toujours avec une majuscule.

Dear John,

.... name .... Peter and I live .... London.

.... have .... one brother and one sister. I go .... school.

I wear .... uniform.

My .... is a doctor, my mother is a secretary.

I like sports and I .... video games. I play tennis .... Saturday

.... my friends.

I .... TV in the evening.

I usually go to .... early.

My cat Prince sleeps on .... bed.

I hope to see .... soon.

Peter

★ 2 Tous ces mots commencent par la lettre c. Trouve-les.

....

★ 3 Place les mots suivants au bon endroit. door – field – carrots – bus – mother – cherries – cow – chimney – red – pig – cousin – apple pie – water – actor – brother – roof – uncle – wall – hen

Attention ! Il y a des pièges !

house	menu	family	farm
....	....	....	....
....	....	....	....
....	....	....	....
....	....	....	....
....	....	....	....

4 **Dessine les objets suivants :**
fork – spoon – knife – glass – plate – bottle of milk – bread – cup.

5 **Écris les mots correspondant à ces dessins. La première lettre de chaque mot te donnera le nom d'un sport courant aux États-Unis.**

Voici un indice : **agneau** se dit **lamb** en anglais.

Corrigés p. 7

Plus d'exercices et de conseils sur www.hatier-entrainement.com

Lexique

A
- always ... toujours
- apple ... pomme
- apple pie ... tarte aux pommes
- arm ... bras
- armchair ... fauteuil
- aunt ... tante
- autumn ... automne

B
- bag ... sac
- bath ... baignoire
- bathroom ... salle de bains
- beans ... haricots
- bed ... lit
- bedroom ... chambre
- big ... grand
- bike ... vélo
- birthday ... anniversaire
- blackboard ... tableau noir
- book ... livre
- bottle ... bouteille
- box ... boîte
- bread ... pain
- breakfast ... petit déjeuner
- brother ... frère
- brush ... brosse

C
- cake ... gâteau
- car ... voiture
- carpet ... tapis
- cat ... chat
- cauliflower ... chou-fleur
- chair ... chaise
- cherry (cherries) ... cerise(s)
- cheese ... fromage
- chicken ... poulet
- child (children) ... enfant(s)
- chimney ... cheminée
- classroom ... salle de classe
- clean ... propre
- clock ... horloge
- cold ... froid
- cooker ... cuisinière (objet)
- cupboard ... placard
- curtain ... rideau

D
- daughter ... fille
- dining room ... salle à manger
- dirty ... sale
- dog ... chien
- drink ... boire/boisson

E
- ear ... oreille
- eat ... manger
- egg ... œuf
- eye ... œil

F
- fast ... vite
- fat ... gras
- father ... père
- field ... champ
- finger ... doigt
- fish ... poisson
- flash ... éclair
- flat ... appartement
- flower ... fleur
- foot (feet) ... pied(s)
- fork ... fourchette
- fridge ... frigidaire
- friend ... ami

G
- German ... allemand
- glass ... verre

H
- hair ... cheveux
- ham ... jambon
- hand ... main
- happy ... joyeux
- hat ... chapeau
- head ... tête
- heavy ... lourd
- holiday ... vacances
- home ... maison
- homework ... devoir à la maison
- hot ... chaud
- house ... maison

I
- I'm hungry ... j'ai faim
- I'm thirsty ... j'ai soif
- ice ... glace
- ice cream ... crème glacée

K
- kitchen ... cuisine
- kite ... cerf-volant
- knee ... genou
- knife (knives) ... couteau(x)
- know ... savoir, connaître

L
- lamb ... agneau
- leaf (leaves) ... feuille(s)
- leg ... jambe
- lemon ... citron
- light ... léger
- like ... aimer
- live ... vivre/habiter
- living room ... salon
- lorry ... camion
- lunch ... le déjeuner

M
- man (men) ... homme(s)
- match ... allumette
- meat ... viande
- milk ... lait
- mother ... mère
- mouth ... bouche

N
- name ... nom
- napkin ... serviette de table
- neck ... cou
- never ... jamais
- nose ... nez

O
- old ... vieux
- open ... ouvrir
- orange juice ... jus d'orange

P
- pear ... poire
- peas ... petits pois
- pen ... stylo
- pencil ... crayon
- pencil case ... trousse
- pink ... rose
- plate ... assiette
- play ... jouer
- pocket ... poche
- pond ... mare
- pupil ... élève

R
- racket ... raquette
- roof ... toit
- round ... rond
- run ... courir

S
- sad ... triste
- school ... école
- shoe ... chaussure
- short ... petit
- shoulder ... épaule
- sister ... sœur
- sky ... ciel
- small ... petit
- son ... fils
- speak ... parler
- spoon ... cuillère
- spring ... printemps
- stairs ... escalier
- stand up ... se lever
- strange ... étrange
- suitcase ... valise
- summer ... été
- sunglasses ... lunettes de soleil
- sweets ... bonbons
- swimming pool ... piscine

T
- tall ... grand
- teacher ... professeur
- thin ... mince
- toe ... orteil
- tooth (teeth) ... dent(s)
- toothbrush ... brosse à dents
- towel ... serviette
- tree ... arbre
- trousers ... pantalon

U
- ugly ... laid
- umbrella ... parapluie
- under ... sous
- understand ... comprendre

V
- vegetables ... légumes

W
- walk ... marcher
- wall ... mur
- wardrobe ... armoire
- wash ... laver
- water ... eau
- what ... quoi, que, qu'est-ce que
- window ... fenêtre
- winter ... hiver
- woman (women) ... femme(s)
- write ... écrire

Y
- young ... jeune